Cédric Despons

Des émotions saccadées
Aux
Rêves inavoués
D'un
Poète de nos jours...

Simple lectrice de poésie du XIXe siècle, le symbolisme entre autres ainsi que le surréalisme qui émergera dans le XXe siècle.

Je dois avouer que pour moi, sans condescendance ; « Il a parfois son âme torturée, ses avis personnels et à la fois cette envie profonde de faire briller cette petite flamme à son échelle ; révolutionner la poésie de nos jours ». Bref, pour moi cela fut une nouvelle rencontre avec ce déclamatoire où tout est dit ! Du plus dérangeant et surtout agrémenté de belles proses. Je dirais « Inclassable » !

Lui, cet être un peu dandy, rencontré à l'aube de ma vie de femme.

Marine

« Ma poésie est comme un tableau,
je dirais même plus un Autoportrait »

<u>Cédric D.</u>

Cela est le début ; l'onirisme de la parole qui mène aux écrits du poète ; je dirais sans dissidence *« Les parnassiens »*, j'entrevois dans ce journal toutes formes poétiques ; l'artiste seul comme la forme : *« La poésie »*. Dans cette œuvre, que j'aurais pu intituler *« Journal d'un poète de nos jours »*, je narre des mots inconscients, se jouant du conscient ; donner la construction de la prose de maintenant à celle d'antan. De ces poètes qui nous ont fait rêver ; *« l'orgie des mots, des sons »*, sans prononcer la prophétie, dont le premier, sans condescendance fût *Arthur Rimbaud*, *« l'enfant sauvage »* dont on effleurera le génie à la fin du XIXe siècle. Maintenant, nous commençons le XXIe siècle, le début de quelque chose qui peut-être jouissif ; comme *Arthur Rimbaud*, moi, je pense être donc je suis un des précurseurs de cette poésie qui s'intitulera la nouvelle *« poésie romancée »* ; comme vous étiez le tout, moi ne suis rien... De bon augure, *Arthur* qui n'était rien à son époque *;* mais sera
« Indissociable des génies », qu'on connaît maintenant. Lui, parlait de son époque *« Libre de tout »* avec toute son ambiguïté, du voyage de l'esprit comme le chaman et de l'oligarchie régnante à la *« tête du dragon »*. Moi, je vous narre la mienne, il n'en restera peut-être rien, on ne sait ? Le génie comme je l'écris, nous rend libres à l'égal de tout !

« *Rimbaud, c'est le silence. Toute son œuvre est faite de cela, délibérément, violemment : le SILENCE. Cette voix qui tue les mots, qui les écrase et les rend nuls, comme le ferait une révélation de prophète. Qui n'oserait parler (bavarder) après lui, qui à tout dit, puis s'est arraché la langue.* » **J.M.G Le Clézio**

La poésie, l'ébauche du XXIe siècle ; insufflons, brisons les codes ; comme une apparition divine :
« Cela devenait presque de l'écriture tabou comme un geôlier dans nos mains, un fruit mûr dans son pourrissement. Le rêve de l'autodidacte, l'écriture libre, sans loi ni chaîne ! »

La poésie à ces débuts n'était que musique ; les vers rêveurs du poète se chantaient, c'était le temps des orgies royales, où serviteurs s'écriaient de s'émouvoir de leurs arts ; tout n'était que lyrisme ; l'ode à l'amour !

Oh ! Mon amour,

*Vert encre perçant se morfond dans tes prunelles
lacrymales, ancolies dans des eaux cristallines*
Ma douce,
*Sans cesse tes obsécrations ont fait apparaître magie
des sens*
Oh ! Mon amour,
*Magnanime, le temps s'est arrêté pour te donner
visage de grâce, girons fascinants de pureté
concupiscente*
Ma douce,
L'osmose de ta matière, cœur de bronze
Oh ! Mon amour,
*Ton âme onirique a fait choir tes idées chimériques
fondant d'agréments,
De plénitude ta cause avec ardeur*
Mon osmose !
*Ma divinité, mon adoration, ma dévotion. Puissance
de l'extension humaine, ma destinée continuité de
mon existence jusqu'aux lares d'une grandeur
intensité éternelle, rêverie blancheur du Kuknos.*

Avril 2015

Donne le moi !

*Donne le moi
Encore une fois, je veux que nos corps se mêlent dans les embruns ; crépuscules irréels, incolores
Donne le moi
Encore une fois, je veux que tes lèvres charnelles effleurent tout en douceur les miennes
Donne le moi
Encore une fois, je veux que nos envies se fondent en osmose divine ; par le visage de la déesse « Aphrodite » prise dans une galerie antique et m'est un instant offerte.
Le pouvoir des dieux, de la science et de l'homme ; « Escorte » de l'amour !
Donne le moi
Encore une fois, je veux, réalise le pouvoir de savoir qui on est, les signes d'une condition humaine ; irréels, les succubes entrent en moi dans mes songes lascifs, fantasmes licencieux
Donne le moi
Encore une fois, je t'écrirai peut-être le temps que se transforme en moi, mon esprit, mon sang en illusions enivrantes
Je brûle le passé avec regret ;
Je veux que « tu pleures des regards que tu croiras joyeux »*

*L'amour est deux êtres aimants qui dans les yeux les plus purs ne font qu'un !
Donne le moi, encore une fois…*

Mercredi 13 mai 2015 à 10 heures

Déclarations

Je suis la pluie ;
Larmes pures qui se posent sur toi.
Je suis le brouillard ;
La brune endort mes membres fatigués ;
Déclamatoire exsangue de la veille,
Création d'un adage, noble phrasé.
Je suis le soleil ;
Sous cinquante degrés,
Le sable blanc embrase mes yeux clairs,
J'avance, avance encore, soudain une idylle,
Fabuleux paysage.
Je suis l'aube ;
L'aube d'un jour qui se lève encore, encore une fois ;
Éblouit, emploie à la suave caresse de l'été.
Je suis le crépuscule ;
Au soir qui tombe peu à peu sur moi, je suis vivant ;
Les vocables sont pour moi des bijoux précieux.
Je vole ;
Je suis un dieu grec onirique.
Je suis là ;
Je vis.
Je suis la mort ;
On naît pour mourir,
Dès les premiers cris, nous sommes condamnés ;
Un visage mystérieux nous attend ;

Utopiste, bref suis-je amoureux ?

Dimanche 24 mai 2015 à 7 h 00

« Prendre du temps c'est l'idéalisme de l'homme pressé. »

Les premiers rêveurs, l'onirisme des sons, des rimes, des odes / Tout était encensé, dans les moindres mesures ; frottant la Lyre, les doigts écorchés !
Aristote, le penseur grec de l'antiquité fut l'un des premiers à entrevoir, à poser son nom sur *« La poésie »*, lyrique de tout temps, malgré que d'autres courants poétiques dits reconnus dans leurs époques ; malgré cela, elle subsistera. Entre-autre, l'effusion de la rime qui danse sur les cordes se liant à la musique, au XVe siècle.
À la fin du XVIe siècle, *« L'ode et l'élégie »*, ce terme se voulant revenir aux sources, dit-on par *« Les poètes de la pléiade »*.

On pourrait dire au XVIIIe siècle, que *Voltaire* fera de son œuvre, un type d'opéra, opérette qui sera sur scène ou au théâtre.
Au XIXe siècle, le lyrique se reflétant par l'époque du bouleversement par le *Romantisme*, où *V. Hugo* dans sa première œuvre fera du lyrisme et se proclamera dans la préface des *Contemplations*…

Je témoigne avec dignité mon franc parlé
Mièvre de goût, inauguration des sentiments
État propre ; ma bonté !

Mon péché, prêcher ma conscience
Faire valoir, divine ; libre arbitre !

Étincelante beauté, la croissance, l'unisson
Lune bondissante, la voie lactée, l'infini
Réitérations, nuit de toutes les extases !

Vole, court dans les villes, lunaires jolies, femme qui vaut un soir pour l'homme ; virginité à chaque fois comme la vertu !

J'ai fait le tour, le détour ; le jour le roi se repose, la nuit part en chasse, L'inconnu, visions idéales
Voyons-nous un dernier instant ; grâce, subtilité tueuse !

Je m'éloigne pour l'heure ; une aventure…

Le mercredi 10 juin 2015 à 19 h 43

Oh ! Combien d'amants soupirants de poésie, pour que tous sentiments prennent enfin l'accent légitime.
La poésie, forme littéraire, tableau vierge : d'émotions saccadées, de rêves inavoués, de désirs licencieux, de peines lointaines.
Le langage ; magnificence d'agir, de penser ou de croire.
Le lyrisme, humbles vérités ; Dieu, amour, mort, tendresse humainement oisive, non bête humaine ; l'Humanité, l'Éternité où se joue l'horreur, la peur, la misère, la douleur ; théâtre des cruautés qui se croisent comme l'insignifiant. Tout est propre à la poésie ! Le poète est la petite « *Philosophie* » ! Que puis-je dire de plus, la poésie existe encore ; c'est l'aphorisme des siècles passés et à venir ; de justesse, causalement elle se retrouve toujours et sans condition à la pensée humaine.

Des mains frottent son pelage si doux
Comme pour vous dire que je suis peau de satin
On ne peut m'atteindre ;
Ses yeux vous regardent parfois et la beauté prend
soudain un sens.

Un animal dit domestique mais si sauvage.
Les heures s'égrènent, lui est parti je ne sais où, mais
loin de tout ;
C'est un rêveur.

Des fois, il vous rend grâce ;
Un moment magique.
Puis il disparaît des jours durant ; il est solitaire.
Mais quand ses moments de grâce arrivent on entrevoit un début d'osmose ; éphémère.

Vivre avec un animal comme ceci demande de l'humilité quand il décide de s'offrir à vous, vous n'avez plus qu'à partager ce moment,
Il est malgré tout un très bon compagnon ne demandant pas grand-chose
De la liberté, de la tendresse, de l'amour.
Les cœurs solitaires l'adoptent souvent ;
Il restera mystérieux tout au long de sa vie, partagera vos moments de tristesse De gaîté, mais jamais ne vous jugera c'est un être surnaturel qui ne vous Demandera rien en retour.
Sachez qu'il vous apportera beaucoup ; de la patience, le temps qui se fige
Et un sentiment de plénitude quand il se laisse regarder
En tout cas il ne vous laissera pas indifférent.

Avril 2015

« Redécouvrons la poésie, avoir ce besoin insoutenable de toi, pour rire, pour pleurer ; de la haine à l'amour, l'universalisme de la poésie ! C'est nous, notre message divin ! Quand le cœur s'emballe comme la poésie ; notre voie. »

Le temps, le temps passe, trépasse.
Vertiges, émotions ; divination !

Les secondes font entendre des sons un à un de façon détachée, antres minuscules, infimes ; d'infirme !

Le temps, le temps passe, trépasse.
Vieillir, absolu ; interlude, une quête
Vivre pour vivre ; le temps inéluctable, temps, du temps passé ; temps préjudice certain, l'aube, la vie à trépas.

Restons en vie, lointain, profondeur, l'homme ; vivant dans l'inconscience, la mort qui vient cueillir l'étrange luxure ; la vie !
Commençons, la naissance, nous vieillissons déjà, la mort se rapproche à l'instant.

Vivre au jour le jour, détaché de la lassitude, des jours passent !
Philosophie utopique ; naissons, vivons, mourrons !
Ne pas penser, le temps du temps se consomme ; la vie utopiste, l'approche.
L'autre vie qu'on ne connaît pour l'instant ; Oh ! Jour viendra nu en toute simplicité.

Communiquer, l'être perdu, parler, inconscient, dire ; parlons-nous, c'est tout Là le mystère existe bien, le savoir se joue de nous, de moi !

Juste le fait, dire, sommes faits ; naissance aux prémices, de l'adulte, l'adulte vieillissant, vient la manne !
Moment unique, quelque chose, sûrement ; subsister à travers l'esprit ; la vie
La vie, l'éternel recommencement...

L'inconscient ; le rêve, la mort !
L'intensité de la vie, de la mort...

Le jeudi 11 juin 2015 à 6 heures

Il est temps de redonner le génie et la sublimité à celle qui a toujours été représentée dans notre histoire ; humaine ! L'histoire de vivre, de réfléchir autrement ! L'être sensible comme notre saveur légitime. Poète ; une main tendue parle sans cesse de toi pour que singulièrement, la poésie soit le point final qui s'exprime.

_Parti, parti
Dans le creux des germes poussent
De la sordide écume se jouant de mon être.

L'avenir succinct vient, proche
Il pleut l'ivresse comme la beauté.

L'irrationnel ; incriminé, le poète faisant tous les jours
Aphorismes libres.

Comment reconnaître, qui sommes-nous ? Fabulant ;
le savoir
Les mots en sont les porte-parole, les grands pouvoirs ont peur !

Sachez monsieur, que naît
La puissance des vers, violente comme des armes
Solution des bêtes, sournoises s'immiscent à chacun.

« L'utopisme des jours venants »
L'argent, le pouvoir ; profond dégoût !
Les courants existent ; soumission qui pourra
changer les puissances l'érosion !

Les hommes ne chérissent
Comme sans prétention, je vomis cela !

Notre monde ! Nous verrons des jours, l'enfer,
démons ; antéchrist
Le massacre des hommes sages comme les poumons
de l'humanité…

Le dimanche 21 juin 2015 à 4 h 45

Le XIXe siècle vit aussi sa révolution propre non pas française, mais Européenne. Je l'appellerai la révolution de toutes formes d'arts, de mouvements ; je vais finir pas le crier sans outre mesure, l'œil vif ; le triomphalisme *« Du Romantisme »* !
Le réalisme, le naturalisme, le symbolisme et même le surréalisme seront portés par cette superfluité, le séisme que produit la culture qu'est le Romantisme ; une nouvelle entreprise, qui prendra tout son retentissement avec Nerval, Hugo et la plupart des poètes symbolistes maudits comme Baudelaire et *ses fleurs du mal*, Rimbaud *l'enfant sauvage*, nos futurs et le Conte de Lautréamont, *le mal et l'horreur*, avec ses chants ; enfin le pouvoir spirituel !

« Vie est mort ; mort est vie !
Au travers de la vie, la mort souveraine »
Une pensée de la magie au bout des doigts se fait
Comment comprendre cela, si la parole avait une réalisation pour chacun, n'est-ce pas ?
Érotiques, charnelles, pleines de vigueur / Un moment pour s'échapper, se rendre ; naissance vient mon ego ; se répéter…

Le vendredi 19 juin à 5 h 44

Que cela fasse une attitude à mon habitude
Donne un sens à ma paillasse qui dans l'obscurité falsifie ma psychose
Mon soin ; mon avenir !
Propre jour fausse la nuit, songes pâles ; esprits !
La réalité, ma réalité ; l'inconscience du conscient est mienne, difficile à appréhender.
Mot bohémien, l'éternel se rejoue, saint, eucharistie ; propre de moi !
Voir un instant, le vivant qui se mélange aux morts, abyssales profondeurs Âmes peuvent entrevoir ; elles sont !
Qui a la prétention, narcissique de savoir où je me situe ?
Apprenons à survivre ; qui sommes-nous ; le temps c'est la patience de se connaître !
Juste graver dans nos esprits, erreurs ; notre vaillance, nos mouvements, notre conscience…

Le mercredi 17 juin 2015 à 7 heures

« Je veux vivre en paix avec la mort »

« C'est la passion du début qui s'inaugure dans notre osmose »

L'esprit s'orientera dans tous les arts, peinture, musique ; les domaines de la pensée, politique, philosophique, et même ; Oh ! Sacré, la religion.
Cela est notre civilisation, les prémices de la nouvelle pensée culturelle de tout et surtout balayer l'ancien dans la sacralité et l'enfant à naître ; le rêve sera réalisé. Et là ; la réalité, l'axe propre du « *Nouveau monde* », l'extension, la pensée qui s'élèvera ; enfin le commencement de cela dans la nouveauté.

Cette jeune fille quitte les affres ; en fait
Si belle, elle parcourt pieds nus les rues froides de la rue
C'est un ange qui sous l'empyrée étoilé
Voit enfin le monde de la nuit à travers la prima ballerina
S'envole au vent
Crie son malheur dans ces limites suaves.

Pourquoi tant de violence ?
L'écume des corps nus
Plus rien
Dans ses yeux on peut entrevoir la puissance,
s'exalter
Ils mentent c'est sûr
À la vigueur au sang !

Ma vie obscène, ma déraison
Fille de la rue où son corps
Prémices de sa grandeur, se joue pour quelques sous
Qui s'offre, charnelle et non consciente
L'évasion de l'esprit
Voyages étranges
Dans sa virginité à chaque première pour elle.

La vie se choisit
Pour des actes vétilles, s'envole
Elle se sent libre…

Le salut de l'homme la ramène en quelque sorte
L'argent se complaît dans sa réalité.

L'inaccessible à la raison grossit
L'espoir vient au vent sans vanité à elle ; elle se meurt…

Juin 2015

« Aujourd'hui, j'écris mes entrailles ; au fond se cache peut-être la pureté ; le pur élixir, le pouvoir des sons que j'envoie. »

« Réalise mon rêve, mes envies, ma courtoisie ; jouis de ma folie, mon vice, mon djinn ! »

« Fuyez, fuyez malandrins ! L'horizon, mes tableaux ; lots de toutes sortes que j'enfante »

Poète de nos jours, où l'évolution est présente partout, comment faire choir notre humble menace sur le vivant, de l'être endormi ; je ne peux entrevoir cela. Quelle tragédie ! Des mots, du sens, de la parole ; de l'avant-garde ! Qu'on me donne le pouvoir onirique d'aimer, l'amour et la mort dans l'osmose ; le tranchant, la vertu, l'insolence.

L'échassier

Sa hauteur, sa grandeur
La petitesse de mon être, nervures profondes
Comme les doléances ; le charme reste le but
Ma vision, ma violence
Comme le diamant brut
Je vais de… Devoir en connaître les détours
L'absente, l'irrésolue
Savoir qui elle est !
Le temps, la patience se joue de moi
Je l'ai connue autrefois ;
Taillant ce précieux comme lame de fond
Pénétrer son âme ; laisser
Rejouer une scène de sa vie
Entrevoir le dogme des hommes nus.

Samedi 6 juin 2015 à 20 heures

Plus rien ne m'émeut, on ne peut qu'exister qu'à travers nos maîtres, marqueurs du siècle passé, l'art de tout, l'art à un goût de révolution ; maintenant, irréels, intemporels ; la chute, le poète ne fait plus l'éloge mais se cache dans la loge, profond dégoût, Oh ! Penseurs fertiles. Le poète vu par sa plume *« Liberté »* ; sa candeur, nous sommes le fruit mûr qui existe encore ; je me narre de vous, oppresseur de l'art non convenu ! Subjugué comme l'écrin profond s'éloigne, voyons le poète comme le lien qu'on ne peut trahir ; et lui se permettra de donner, le sens propre à cette quête, vertueuse ; regardez comme l'abîme s'est créé. L'envie de faire vivre et cela devient le point culminent ; comme ce projet se simule dans mes mains nues et écorchées, mes songes se perdent et pourrissent dans mes écrits. Maintenant, je vous le dis, je suis prêt à me porter volontaire pour vous montrer la voie, déconnecté ; ce dénouement que cela est exquis, je m'arrangerai des cicatrices portées en mon nom ; notre monde, l'art de la poubelle et du pouvoir de l'argent, cette manœuvre qui porte atteinte à l'art qui se vit, de l'insignifiant au plus important ; je mettrais des préceptes pour l'inventer, le réinventer ; même construire chaque sentence à l'égalité. Le devoir, humble serviteur ; les mots seront prophéties. Poètes redonnant le sort, le renouveau. Le fait de ces écrits, je le pense ! Nous verrons bien nous rêveurs, nos futurs !

Cet art, dit-on passé ! La poésie, plus de problèmes ; ma plume se sème et s'égrène. Je serai l'éloge que le temps mette son empreinte indéfectible, l'instant qui m'interpelle ; une nouvelle romance la *« Poésie romancée »* ; la mutation ?

Notre évolution ;

*J'ai compris comme le rêveur
La fabuleuse histoire de la vie,
C'est d'accepter la dépression ; la dépravation de
l'être, le pourrissement !*

*Une petite fille angélique
Se moque de moi.*

*L'amertume de la croyance
Le mal se sème ;
On aperçoit l'antre que dans nos supplices, nos
espoirs, nos dieux !*

*Une pendule cesse de marcher ; une esquisse
Qui se désire, vivante…*

*Toutes les folles du système, toutes les puissances
Dans le sens comme le sang escorté des sous-
couches ; la modernité !*

*La perte de tout sens moral
Ignoble, infâme, fangeux
Le nerf, décrédibilisant la caste de l'ombre,
l'ascendant !*

*Dessillez vos yeux ; disons élus par le peuple
Fatales ironies douteuses
Le pouvoir et ses magiciens modernes dans sa
cruauté !*

Le peuple porte l'autorité, remettez le bien pensé aux penseurs
Cela reste inflexible ; redonner la légitimité aux semblables…

Août 2015

« *Le poème reste une expérience métaphysique, l'acte du chaman, vivant le mirifique éveillé ; Synergie poétique !* »

En fait, je me dois de vous dire que j'ai l'impression que je n'existe pas, j'ai souvent des ennuis, parfois des sourires maladroits ; car je n'ai pas la prétention d'être, donc je ne suis, voyez-vous ? Et pour ceci j'écris ; cela peut-être une preuve, mais j'insiste et signe, qui suis-je ? Aux frontières du réel, de l'absolu, je pense fortement, pour que la science me donne enfin la clé, l'autre dimension, les clés de mon inconscient, en outre le passage de l'enfance et de l'adolescence ; qui peut donner en partie où découle ce problème ; je tiens à préciser que *« c'est à notre enfance que tout se joue me disait souvent le psychanalyste »*, c'est l'enfance et ses secrets qui détermineront en partie l'adulte que nous deviendrons ; je dis : Qui a le don de pouvoir donner un sens profond à ceux que nous sommes réellement ? L'existence ; une preuve est contestable, mais à quel point ? L'élévation de notre conscience dans le ciel sans outre mesure ; la vision morbide, le pourrissement de l'être et de la matière grise, voyez là-dedans le double sens ; le chiffre mystique quatre ! La réincarnation en autre chose, on ne sait ? Où l'éternel recommencement ; la vie à trépas ! L'éjaculation importante dans la bouche insolente ; souvent la mort est souillée dans sa réalité…

Le sel du sperme
L'infanticide, la mort dans l'âme
Qui pourrait me laisser en vie ?

Ils meurent dans cette retraite ;
Créature immonde

De grâce, maintenant j'ai le pouvoir de choisir,
De dire oui, non ; existe-t-il pour moi le contraire ?

Disons ; que c'est une liberté,
Une manipulation voulue par un certain clan.

Au courant du mois d'Août 2015

(À Antonin. Artaud)

« J'oppose l'art, le vrai, pour un certain art voulu, consensuel qui se permet de revendiquer un mouvement poétique, c'est sûr que l'on peut se l'approprier avec ardeur ; la poésie n'est que poésie après tout, hommes aux dents longues, ce sont les mêmes maintenant, à part qu'un siècle est passé ; quel courage, quel engagement, les grandes et prestigieuses maisons d'éditions, qui font la pluie et le beau temps ; elles qui ont les moyens de signer l'arrêt de mort du poète ; en quelque sorte ! Mais je ne serai pas fataliste, peut-être que le poète était déjà condamné, le mortel dans toute sa causalité.
Nous poètes du XXIe siècle existons bien ; oui c'est vrai. Cherchons quand même ! Ne sont-ils pas parqués comme les Indiens aux États-Unis ? Leurs poésies n'ont aucunes existences pour ma part, sans condescendance ; ils existent, il faut le savoir, c'est comme cela que nous donnons toute la noblesse à la poésie de nos jours ? *(Attention ce que je dis est très subjectif, car venant « du trou du cul du monde », j'imagine, mais en aucun cas ne condamne ces grandes maisons, certes, cela est bien plus complexe ; parenthèse fermée)*
Je revendique qu'ils ne sont qu'au pouvoir des rendements, soyons clairs, la poésie est obsolète dans la réalité. L'incarnation du vrai poète préféré des Français, *Arthur Rimbaud* : S'il existait aujourd'hui un de ses fils, je ne sais ; peut-être un penseur de nos jours, et je ne cesse de rêver d'une nouvelle poésie ; suis-je utopiste ? L'avenir, nous le dira ; je fais souvent ce même rêve onirique ; moi, poète, j'ai le

courage de montrer la voie parmi tant d'autres ; rêvons, après tout, cela n'est qu'une grande mascarade. »

La parole est dite, les mots du *« Prophète »*

> *« Écrire, vivre les mots ; danse, musique ; écrire l'histoire/ Histoire, vole, plane, joue/ Intensité ferme, l'effroi mot/ Je veux dire ; chanter, faire vivre/ Écrire c'est dire à chacun, mots puissants/ Je veux vivre des mots, m'envoler, me lancer, me vendre/ Le savoir, puissance des mots/ Propre regard de cela/ Mots puissants, les mots de l'amour/ Les mots se disent, font deviner ; faisons savoir qui on est vraiment---*
> *Enfin je ne veux vivre que de mots, de pouvoirs, intemporels, magiques ; La traduction, le tiret des siècles passés, des génies qui attirent et donnent un sens à travers leurs écrits…*

Le dimanche 21 juin 2015 à 4 h 45

« *Écrire la beauté des mots* »

« *Le sens en devient l'avenir des mots* »

« *Des mots, des génies s'inventent et se jouent de leurs sens* »

« *J'ai le prurit ; l'acharnement des mots* »

« *Certains mots planent dans leur cruauté ; la musique ne s'entend, elle se vit !* »

Les aubes s'avilissent, comme le crépuscule est imprégné
Comme le soleil ; ma dépravation, début de cordages entrelacés.

Ma diligence ; la vengeance coule en moi,
Comme le sang vidé de bêtes inhumaines

Le chaos où se lézarde le rôle des hommes puissants,
Exécrables, immondes

Par des mots de l'incohérence, ils se sentent représentant,
D'une entité, complaisante, inique ; j'étouffe, de l'air...

Oh ! Mon pauvre citoyen...
Veuillez m'excuser, je me mets à genoux ; Où sont les vrais penseurs
De la liberté non soumise,

Je dirais simplement ; la vie et les gens comme la pureté du monde dans la fraternité !
Utopiste ; Je pense l'irrationnel.

À l'enfant sauvage

L'enfant sauvage, défiant la bourgeoisie des poètes
Parisiens à l'oligarchie,
Tu as donné de la conscience aux mots,
Inventeur de l'art et de la formule.

Dans l'excès, l'onirisme, tu nous feras tel un
Prophète
Naître une nouvelle sapience de la vie ; l'éternité !
Tant besoin d'aimer, la liberté ; t'échapper de la
réalité, ta réalité !

Magicien, chaman, tu défieras le pouvoir
Des poètes lisses ; tu t'engageras dans le symbolisme
Comme on part en guerre ; bien sûr le génie
Qui émanera de toi, en fera le poète incontesté du
XIXe siècle.

Comme tout prodige visionnaire ; incompris de ses
tiers
Je cite, bouffon qui n'ira nulle part ; et pourtant ?

Nous poètes de nos jours, engagés sur de nouveaux
styles, visionnaires
Parfois exclus par nos divergences ;
Quelle folie prendra le poète
Comme de l'art pur, faisant de lui un ange aux ailes
brûlées...

Août 2015

J'ai fait le choix, après beaucoup de réflexion, je l'avoue ; passer cette œuvre de l'ombre à la lumière. Je me décide de partager avec vous mes chers lecteurs ou mes futurs, car pour l'instant, on peut dire que je brille par mon absence, je dirai ironiquement que le fait d'être inconnu ne joue pas en ma faveur, j'ai envie de dire ; Oh ! Sacrilège *« notre liberté d'expression »*, mais faut-il le faire valoir à qui veut bien l'entendre *(rires)*

J'ai envie de vous parler du mouvement « *Dadaïste* » né après la première guerre mondiale, qui ne durera qu'une dizaine d'années ; c'est avant tout un mouvement de révolte contre la société bourgeoise prônant la libération totale de l'individu. Malheureusement, il s'essouffle vers 1924.
Toutefois, le surréalisme conteste les valeurs traditionnelles de l'art ; le poète « *André Breton* » précurseur de cette mouvance en France et bien d'autres surréalistes rentreront dans cette brèche « *Ode révolutionnaire* », certains peintres aussi revendiqueront le rôle de l'inconscient dans la création artistique vêtue qu'exerce la raison, en dehors de toutes préoccupations esthétiques, morales. Fulgurance, vision onirique ; L'abstraction. On élude le dadaïsme par l'anarchie, le marxisme s'opposant au fascisme, religion, mouvement antibourgeois, antinationalisme ; bref « *La provocation et le rejet du système* » !

« Le Symbolisme né au milieu du XIXe siècle s'effacera à la première guerre mondiale pour l'émergence d'un nouveau courant le Surréalisme…
Pour moi le Symbolisme est l'ancêtre du Surréalisme ; Synthèse de la quintessence du rêve à la réalité ; le Surréalisme échappatoire à la guerre »

Places au surréalisme ; ce poète me tient à cœur, je veux vous parlez d'« *Edmond Jabès* » né le 16 avril 1912 au Caire et mort en 1991 à Paris, ce sont des aphorismes qu'il nous propose :

« *L'écrivain est seul dédié de sa mort, engagé à mener à bout la tâche qu'il s'est assigné ; donner à lire, aux prix de l'instant, l'univers blanc. Les gages de cet engagement sont chevilles d'échelier ; exigeante interrogation* »

« *Le vocable dans ces méandres, meurt de sa plume ; l'écrivain de la même arme retournée contre lui.* »

« *Dans la mort, le vocable devient visible. C'est la loi lue. Cette renaissance du signe est le mystère que l'écriture dénonce ; mystère humain que, sans le livre, nul, sans doute, ne soupçonnerait.* »

« *Toutes les phases de la création sont dans la prose. La mort est l'étape où la vie prend un sens, où la perle hors du collier, éprouve sa profonde et impérissable liberté.* »

C'est dans les anciens écrits que nous y trouverons, nos futurs ; pour ma part c'est la suite logique. Pour se reconnaître d'onirisme, il faut nous revendiquer dans le don de la mèche !

Vu rêve

Oh ! Mon corps désespère mon âme
Comme il pleut vient le soleil ;
Arc-en-ciel, voyage de lumière !

Esquisse, je me nourris de tes vues
Comme ce rêve dans la mer où tous les soirs
Les visions dans sa noirceur port rond confidentiel

Aux vagues qui se fracassent à l'île du levant
Se consomme la vue des poissons obsédants.
Je te vois dans ta nudité qui fait dans tes fracas,
L'élégance virginité.

Les fruits qu'on cueille
Comme le sang du Christ !
Au-delà, je me sens libre…

Mai 2015

Je me dois de vous faire connaître la puissance du poète ; sans prétention, mes acquis, mes armes, montrer au monde ; rien que ça ! La poésie ne vit plus dans notre époque, mais subsiste ; moi, ce plaisir ineffable, je le poursuis pour la dignité, cette grande œuvre qui bouscula les époques et le temps ; intemporels.
Nous nous posons toutefois les mêmes questions lancinantes *« la mort donne le sens propre à la vie »*, je ne suis que le tiret qui me donne *« à la vie, à la mort »* ; j'invoque à l'instant *« la conscience de l'inconscient »*.
Pour moi, lecture passion ; écriture dévotion, empathie. Je porte de mes mains le *« moi »* dans mes écrits *« l'être qui surnage »*. Je ressens, le corps souillé de mon encre la réalité, l'argent et le commerce du roman où le lecteur s'identifie parfois, important, très important ; ce sont devenus des matheux entre autres, je dirais même de la science ; les sociologues ont très bien identifié ce phénomène, je l'appellerai *« la lobotomie du cerveau par les lettres »*.
Opposition de la poésie, du poème, poussant le lecteur dans ses propres retranchements, *« le suicide littéraire de l'âme »* ; comparons le poète aux prémices des actes, des pensées du philosophe. Lire la poésie divertit certaines personnes averties ; disons, échappons aux stéréotypes ; pensons que la poésie, *« la nouvelle marche »* comprise et lue de tout le monde ; manipulation de l'esprit ? *Faux !*
Voilà l'idée ! La lumière que je vous soumets chers lecteurs ; espérant que vous aimerez l'épilogue et non

l'apogée du moment présent, avouant que la nouveauté fait peur, cela se trouve que n'étant fait de rien dans l'écriture du moins, et vous, êtes mon tout qui pourrait éclairer ma plume *(même si ce que je dis est peut-être faux sûrement mais je me flatte ! Oh péché ; d'écrire pour les autres et non pour moi : A débattre, sans condescendance ou décence ; « pour ma part des rires exquis me viennent »)*... Disons, donc penser écrire une histoire *(banal),* l'originalité vient inclure de la prose comme le tableau qui se dessine sous vos yeux entaillerait un ressenti profond : la forme, le sujet et le parjure ; l'efficacité, quelque part donner quelque chose de nous, notre savoir ; Passer le temps...

*J'écris des phrases comme dans mon cœur coule des
pensées secrètes ;
Le vin et le pain pleurent leur clarté.*

*Dans mon corps le tangible subsiste
Comme l'aumônier dans les prières à la fleur
Dans les champs lointains.
L'humanité vit dans des coins inconnus
Comme réanimant la sainteté dans l'armoirie des
rois.*

*Je serai roi
Comme une tendresse dans mes yeux ;*

*Réplétion inhumaine, bestiale ;
Le fou qui se tait passe pour un sage
Comme les destins finissent
Dans les âmes inondées de soie et d'écume.*

*J'écris la fin de tout espoir
Comme la vengeance qui se perd,*

*Un instant et ce sera bien mon tour,
Je veux que cela se fasse dans les règles ;*

*Une branche qui se plie,
Le poids de nos amours*

*L'inconditionnel de la raison
Comme les épopées qui s'effritent et meurent dans
nos mains,*

*Le reflet où se pose tous les soirs d'été le soleil...
Nos âges, nos futurs !*

Le samedi 4 juillet 2015 à 2 h 40

« Si mes écrits ne sont rien, je ferai de l'innovation un genre à part / Mon univers sortira des sentiers inconnus de mon esprit maladif, incompris à l'aube d'une poésie ; j'étudie de l'autre côté » 3 heures

« Je suis chercheur de sens ; le sens/ la naissance, le nourrisson/ la vie, l'adulte/ la mort, la poussière/ chercheur de petites choses qui nous suivent/ comme le poète donne le sens du rien » 3 h 10

« J'écris des vers comme je me mouche les matins d'hiver/ le froid humide vient à moi et s'illumine/ Je fuis et rêve l'été, je me mens… » 4 h 15

« J'écris ma vie dans la réalité de mon monde, dans laquelle je survis. Je vis la réalité à travers mes écrits et mon univers, certaines réalités mises au grand jour par le tube, grandes puissances de nos jours qui tiennent les ficelles ; tenant le simulacre de ce pays.
Je ne suis que les écrits qui gênent ! France ; liberté d'expression, je consigne néanmoins au plus haut niveau ; l'inconditionnel, où fusionnent le pouvoir et l'argent. »

De rêves et de réalité

J'ai affronté le mal pernicieux de la vie,
Dans un miroir se reflètent les ombres malicieuses.
J'escorte la plaie beauté en moi, tel un « poète maudit » fumant sa pipe d'opiacé quotidienne.
J'isole les mots dans des réalités fictives,
Je daigne altérer cette créature en quête spirituelle,
Attitude empreinte de mysticisme,
Je jalouse destins, envies, songes,
Dans l'obscurité humaine réside « l'antre des conspirateurs ».

Mon monde composé de peu de chose, vérités bouleversantes,
Ma plume est le sens profond de mes illusions, confrontées à de dures existences,
Je m'évertue à poursuivre mes recherches,
« La musique dont le bruit pense »,
Elle transporte nos esprits piqués et vils !

Vendredi 8 mai 2015 à 21 heures

Je possède profusément avec aise, cette magie entre
« Paul Claudel » et
« Paul Verlaine » ; qui consacre mon dieu : Dans cette échoppe, ils sirotent un verre (aux petites fées vertes), Paul Claudel est un instant bouleversé par cette rencontre.

Plus tard, à l'inertie du Poète Verlaine, l'irrationnel, le blasphémateur, décrié par ses frères et ses pères ; ils sourirent narquoisement ; le défunt ne sachant pas que dans une dizaine d'années… Tardant, il fera partie des plus grands poètes de ce siècle comme Rimbaud et Baudelaire ; c'est le temps de la *« poésie moderne »* incomprise et en avance sur leur temps ; on les appellera les *« Poètes maudits »,* leurs écrits seront l'inauguration de la *« grande poésie ».* Le renouveau, la signature de leurs génies qui n'aura de cesse de balayer tout sur leur passage. De là-haut, s'ils le voient ; connus et reconnus par les plus grands, appris ; et leurs styles détaillés par les érudits, étudiés comme référence dans leurs époques. Encore lus de nos jours en 2015 ; ils seront devenus intemporels, intouchables ; nos génies, nos maîtres…
En ce moment, tout est resté bloqué, dans les affres d'antan ; je veux incarner cet acte voyant, l'initiateur qui croisera l'inconnu ; le tout : de ce que je vis *« les gens sont de retour aux sources, ils ont envie de rêver pour s'échapper de ce monde cruel »,* j'avance moi-même dans la brume épaisse et sinueuse ; des questions sur mon existence sulfureuse, inquiétante me prennent toutes formes de pensées. Je le sais, il me

faut renaître comme je me consume peu à peu ; tel un *« Phénix »*. Pour se risquer au bout de mon adage ; je pense que celui qui se jouera de *« La pensée libre »*, sera le poète des temps modernes. Le génie du début du XXIe siècle. L'insouciance d'un mot, la vie ; Oh ma peine ! La chope toujours à moitié vide ; que dire de l'étau qui desserre peu à peu mon âme, ma déraison entre *« la souffrance et la quiétude »* sacralisée. Alors qui mettra une thèse sur moi, qui s'engagera dans cette folie, qui ne mettra rien qu'un liard sur mes *« balls »* ? Sachez que le discours d'un fou qui pourra parler et écrire ! Ce bien qu'auront les gens, envie d'entendre ou de vivre *« une expérience spirituelle »* qui changera leurs existences à jamais…

Lettres ; D'êtres

Je me nourris de vers dans toute ma langueur
Qui s'abat sur mon cœur d'indolence.

Mon âme s'ébat et baille dans toute sa splendeur
Qui se mêle dans mon cerveau maladif, amoureux.

Je plante un instant le fruit obscur de ma jouissance
Qui se bat. Olifant ; j'ondule mon corps,
Et mon visage se fend, quand le bruit se bouscule
dans le silence
Je veux vivre de l'amour, la santé, l'éternel…

J'entrevois toute passion, mais pèche pour l'osmose
Comme je me dissipe ; je m'abandonne à l'instant…

Le vendredi 10 juillet 2015 à 4 h 00

Investigateurs ; prophètes de la « *Poésie libérée* » ; précurseurs du surréalisme, psychanalystes, la réflexion à la recherche de l'écriture.
Poète de la conscience, et de ce fait à la limite du consentement. « *André Breton* » deviendra précurseur de cet art, le sens de ses écrits change, faisant peur ; à nous poètes, hommes de lettres, où nos écrits étaient le sens de nos vies, de tout temps la poésie se confronta à l'écriture des cieux et des grandes puissances ; la poésie était la voie des dieux !

« Le chaman maître du crépuscule fantomatique ; ses liens, la fusion des dons comme la sacralité enfin dans le péché de l'homme blanc ; L'original vient à point dans toutes ses formes ; dans cette quête, il donne à travers son âme, l'ouverture comme le livre qu'il porte en lui ; l'animal, la mort. Il met un sens à omettre la vertu comme les hommes exhortent les ombres des sages, faisant renaître la petite flamme ; sagacité abyssale. Il joue ses rituels comme nos esprits volubles, toute magnificence des êtres à part, nos différences. Il pénètre l'esprit malin, la vérité d'être soi ? Bouleversements, état que le chaman dit à la réalité comme chaque vie. Cette fulgurance, l'instant ; comme la réalité je vois l'irréel ; l'homme qui s'élève, moi. L'inéluctable mort et si c'était la vie. »

Le jeudi 11 juin 2015 à 7 heures

Faire de la raison ; des phrases et des mots à part. J'avoue l'ombre des miens comme dans l'irréel, cela existe ; le prestige, proclamation de l'être ; du monde ! Qui es-tu ? Le fruit pourri, dicton de l'art ; la condition d'être soi. Pour le poète, l'aliment du précepte ; notre engagement, notre lascivité, peut-être ? Je désire par cela que se dévoile ma parole…

Le vent se blesse dans mes cheveux
Comme l'aurore, cela s'élève sans crainte
Perçant le regard des enfants vicieux.

Le génie de la jeunesse,
Notre filiation nous attire
Dans de lointaines songeries s'épanouissant.

Où sommes-nous « symbolistes » des lueurs impavides,
Continuité qui se ravit dans ce gouffre,
« La poésie moderne »

« Surréaliste », l'intense, le raffinement ;
Le vent dans mes cheveux est comme le lignage qui se manifeste : le choix de se proclamer d'être soi...

Le mardi 30 juin 2015 à 4 h 22

La passion de l'écriture où coule en moi la lecture. Apprenons à écrire ; de nos lectures passionnées vient le don de l'écrit ; la virtuosité. L'édifice de ce que nous sommes, maintenant, cela s'éclaircissait, les lectures de l'adolescence à l'adulte, jusqu'à aujourd'hui ont façonné : conscience, inconscient, pensée ; l'art d'être un jour le poète de demain...
Par-delà le comble s'alliant à la laideur, l'occulte. Orgueilleux, le vocable, nous transcrira le plus souvent dans le mal-être, où copiant pour la cause. La beauté dans leur étrange luxure ; le malheur, le mauvais jeu, attendant dans les moindres recoins. Dans ces heures ; la fin comme l'espoir, la fatalité dans la banalité ; la foi du mort, du trépas. On se nuit comme l'infortune ; où s'exerce la joyeuse prospérité. Voilà pourquoi, je m'élève contre cela !
La disparate et l'analyse de ses propres moments...
Un de ses jours, il faudra bien que je réponde, de tous mes textes, qui donneront le profond de la pensée *(L'onirisme du chaman)* à mes écrits. Si tant est que cela se fasse, et *non sous la table*, qui pourra me donner le droit ! La liberté...

Oh ! Femme ;

Je suis la flèche qui vrille dans ton abîme où jaillit ta lignée
Je suis le serment, vieillissant de tout à toi
Je suis l'efflorescence qui s'offre, pour que votre bien-être stagne
Je suis ce mortel qui est touché de mieux vous connaître
Je suis l'inaltérable qui fait de vous l'original
Je suis le rien qui de vous à moi, est le tout
Je suis les initiales, lettres connues et abandonnées
Bref ; Je suis votre dieu qui sème le doute ; l'horizon de mes écrits !

Écrit la nuit du 10 juillet 2015

Je me dois et cela reste un devoir insolent ; de vous parler d'un poète, qui m'a bouleversé étant plus jeune, là où mon cœur se balançait de poète en poète.
Je veux vous présenter avec tout l'honneur des mots référencés ; le *surréaliste*, l'illusionniste *« André Breton »*, le mot est lancé dans toute sa fulgurance.
Dans ce texte philosophique, j'ai pu voir l'esprit de la joute verbale, plusieurs tons ; on peut en donner, faire valoir ; je vous le narre : le sens, le sens qui nous absorbe dans nos pensées. L'onirisme, les écrits de Freud sur *le rêve* ; car la poésie qu'il écrit, s'invente, se rêve, il faut entrevoir l'autre côté ; le génie du poète qui ne cesse de m'émouvoir aux larmes de pureté opulente, cette clarté dans cette complexité, je ressens sa prose dans l'œuvre *« les champs magnétiques »* écrite avec *Philippe Soupault*, et quand ces comparses relatent un extrait du livre : *« Éclipses »*, un des fabuleux écrits qui m'a touché par sa beauté, particulièrement cette prose qui s'appuiera dans les songes licencieux de l'auteur ; je pense et c'est avéré à l'honorable *« Conte de Lautréamont »*, malheureusement, qu'on connaît si peu, mais pourtant a servi au surréalisme et qui a inspiré bien des poètes des XIXe et XXe siècles ; bien qu'il s'inscrive précurseur du symbolisme, nous pouvons dire ; qu'il était en avance sur tous mouvements poétiques. C'est pour moi les mots du poète, en quelque sorte notre *« Léonard De Vinci »* !

Les violons engendrent les terreurs prochaines.

*Pris d'assaut, les âmes frivoles
Des alphas et bêtas, des matheux
Ont un goût lucide à faire perdre la raison.*

*La pluie se joue de moi,
Je vois les coquillages enfantins et précieux
Se morfondre dans mes yeux.*

*Je m'enfonce
Dans les ténèbres ; des foudres
Comme des ombres perdues,
Ne serait-ce qu'une once de regard.*

*Je replonge,
J'ai fait l'étude de tous les sens…*

Courant année 2002

Sont-ils le fruit juteux de cette collaboration, cette manière de philosopher ces poèmes. Enjoués, vous avez exercé dans la vie de jeunes poètes, aujourd'hui instrumentalisés de ces idées nourricières et fécondes. Vous êtes magnifiés, vous, jouant un rôle ; bref *« Un opéra moderne des mots »*.

Voulant trouver légitimité à ces écrits, et pourquoi ne pas dépasser nos maîtres pour peut-être, un jour toucher du bout du doigt *« Le Graal »* et écrire comme on compose la nouveauté, la fraîcheur de la maxime. Dépoussiérer ! Faire naître, parfois dans la naïveté le génie qui brille en nous.

Sachant, que cela peut-être comme le monde de quelqu'un *« d'unique »*. Par contre, la suite, c'est de devenir un cas pour être reconnu par nos maîtres-penseurs : eux qui nous ont guidés dans *« La prose, le libre Arbitre, la pensée ; l'effusion de l'encre »* notre choix !

Je ne peux me défendre de cela, je vous promets juste d'exister dans ce monde, certes et je le dis sans honte comme le citoyen que je suis : *« Hypocrite, corrompu comme les finances qui tiennent le pouvoir ; Ah ! Ce monde et cette caste de l'oligarchie ; l'invisible, l'indissociable tenant les rênes »* ; et cela devient une mission à haut risque de laisser une trace *« Indélébile dans cette fragilité »*, mais, je veux croire encore en cet art qui finira par gagner à sa façon ; *« Dans la liberté d'expression »* !

Notre destin est tracé ; permettez-moi : dans la « *merde d'oie* », fécale dans les entrailles avec ardeur ; comme je dois me soumettre, de tout temps « *Les plus grands* » régnèrent par leur sadisme ! Ma prose ? J'ai choisi la rudesse de la banalité, se mettre à la place des autres, être emphatique, cela est mieux. Pour les comprendre des fois les chasser, en faire nos objets de désirs, de jouissances ! Mais ; moi de cette vertu, qui quelque part nous l'avons tous, je le crois ou l'aimerais ! « *Mon style se montre sous mon meilleur jour ; mon heure se dévoile, la fatalité* ».

Parle-moi, mon amour
Le fruit juteux de mon cœur ;
Mon âme se fige instantanément.

Le démon du poète maudit est mon style, ma luxure
Je ne peux prétendre appartenir à cette caste
L'ombre, l'autre solution !

Après tout, ils divergent dans leurs quêtes irrésolues,
outrecuidantes
Je me dois de les citer :
Eux par dégoût comme le fossoyeur lorgnaient
Dans mes veines coulent des vers étranges ; se
dissolvant
Les autres ; mon blasphème
L'humiliation comme les mots bannis qui
s'interdisent.

Dis-moi, mon amour
Oh ! Jours obscènes ; pornographiques
Dans les idées se font et défont ma dépendance
d'autrui.

La beauté d'un amoureux, les signes
La candeur font de moi un être à part
Cette crédulité,
Cette quête emploie aux mystères des hommes
enchaînés

Parle-moi, mon amour
Dis-moi que l'absolu arrive
En fait l'éloge, mes secrets
En moi, l'introversion !

J'ai le prurit de savoir ; caméléon dans le brouillard,
Des signes distincts me parlent... Parle-moi, mon
*amour_*

Le mardi 23 juin 2015 à 5 h 10

« J'écris des vers qui dans le mot se pressent, se compressent ; presser l'élixir de ce que j'écris ; j'entrevois le mystère, le fruit à la pulpe ; j'en sors, luxure, divinité ; bref, l'ultime but, mes écrits, ma vanité »

« _Parfois même le mot vient incrédule ; l'incompréhension se fige un instant, un instant de trop ; le moi dans sa grandeur_ »
(J'ai écrit mon texte avec une certaine incrédulité ; Ma luxure, mon envie se perce à jour…)

« Ma vanité, j'en fais la luxure, l'idéologie, pouvoir, création ; Un tableau de maître »

« Sachez, chers lecteurs ; que la passion des mots peut faire de moi et je le sens au fond de tout mon être ; la sensation de s'égarer dans notre monde ; fait d'onirisme, de cruauté, de tout à la fois ; juger de la grâce et de l'épreuve… »

Toutes ces nuits, où mes yeux sont exténués de ne pas sombrer !
Fusion de fêtes élégantes qui me redonnent vie ; angoisse, panique, je refais les quatre saisons de mon enfance, passé à fuir ce que j'étais vraiment… L'âme croule comme les baisers foulent le sol en humains !
Égérie vivante, nos révolutions !
Les prières ne sont que des tragédies grecques, je porte en moi le masque de la folie, étranger de ce corps qui me brûle les entrailles… J'ai l'impression d'être fou ; en moi où découle la réalité des hommes. Ce corps qui s'use de l'aube au crépuscule ; je me sens vivant, beau, extravagant, malicieux et courtois ; ce qui me donne le jumelage de mon obscure descente ; jours passants, visages maudits, morbides ; le déclin. L'acharnement, l'éloge des grâces non fertiles, innocentes, muettes ; je mets, le point final de la recherche ; cela me rapproche de ma folie ; mon humanité incomprise…

Paresse cérébrale
Le monde tournait bien rond ;
D'une inertie latente
Je faisais mes griffes dans des petits gouffres,
De porcelaine et d'étoiles
J'apercevais le voile de la vie.

Des signes irréversibles
Gravés à la vérité,
Mis de marbre
Je caressais toute volupté.

Inconscient de la forme
Jouant des paradis ;
L'ensevelisseur soupirait
Macabre, avide
Cherchant le cadet, diligenter.

La vie m'appartenait,
Douce, acide
De paresse cérébrale.

Courant 2002

Je regarde tous ces livres anciens, de nos jours que j'ai en ma possession ; je me dois de vous dire que le roman a su évoluer et dessiner les pages d'aujourd'hui ; le XIXe et le XXe siècles sont connus, reconnus, les écrivains de maintenant avec leurs nouveaux styles, leurs nouvelles paroles, l'écriture, leurs sens a su passer leur époque avec toutes fulgurances ; les auteurs de maintenant sont pris dans nos faits de société de nos jours ; l'évolution dans l'effet du réel, du réalisme, de l'amour. La poésie que dire ? Tout ce relie à ce livre, comme j'ai donné sans condescendance les clés du renouveau, réinventer l'art et la formule, comme pour se confondre dans les nouveaux écrits que je prône aux écrits d'antan ; on ne peut plus l'occulter, nous sommes plus ses 200 000 poètes qui écrivent dans ce marasme avec les poètes qu'on édite ! Anathèmes, pâles copies d'antan ; plus d'un siècle est passé et pour vous dans les sondages ; Quel est le poète préféré des Français ? *Arthur Rimbaud*, c'est vrai, il est inclassable et ses vers, ses proses, nous font encore rêver ; je le redis avec toute ma foi de poète de nos jours ; *Rimbaud* reste le génie, comme une étoile dans le ciel ; mais soyons clairs, on voyait aussi des génies dans les romanciers, je commencerais par vous parler de l'un des plus grands dialoguistes, l'œuvre de Molière mort au firmament de son art, sur les planches ; page tournée ; les grands romanciers du XIXe siècle, V. Hugo, Flaubert, Zola, Proust et bien sûr Stendal qui pour moi a révolutionné le roman d'amour !!! Alors ? Poètes, poétesses, sortons de cette impasse ! Faisons la révolution poétique comme nous avons fait l'élucubration des nouveaux romanciers… Et pourtant, je vous le jure, qu'il n'en faut pas beaucoup pour qu'un éditeur ou qu'une voix s'élève enfantée par cette folie irrationnelle du poète qui saura révolutionner son temps ! Et par cela la grande machine médiatique sera lancée, tambours battants ; la poésie dans sa grandeur reprendra ses nouvelles lettres de noblesse !

La vie n'est que la pulpe orgasmique d'un film ;
Les images se défont
Comme des tableaux, les photos jaunissent dans ce craquellement.

Comme je renonce
D'avoir l'envie

Nos difficultés
La vie comme ce don magnifique,
Offre à notre cœur
Comme respirer c'est espérer qu'un jour passe.

Le bonheur dans sa réalité ;
Invoquez-moi comme vous me voyez,
À trop penser, j'ai rêvé / A nos futurs…

29 novembre 2004

Paranoïa

Les faubourgs des trains virent à la paranoïa

Les longs couloirs de bétons identiques
Sont comme des brises glacées dans la cour.

Arrêtons le temps comme glissent les trains
Qui nous montrent l'horizon, nos escapades, nos folies ;
L'ensemble des faits psychiques qui s'échappent à la conscience…

Janvier 2004

« Moi, je crois qu'on n'oublie rien, tout ça reste quelque part. » L'adolescence

« Décemment, je ne fais pas de l'art, je le suis, le vis, le survis ; le sens profond s'érige, la philosophie, l'onirisme et la métaphore ; sages, hommes des songes luxurieux, nébuleux »

Lettres aux Poètes ; les soixante-huitièmes

Lire, écrire de la poésie de nos jours, c'est faire la révolution de 68. Le poète est libre de la pensée, s'oppose dans ces années-là, à la guerre, aux grandes puissances de ce monde comme il a toujours fait ! Mais ce seront ses nouveaux artistes, ses musiciens ; « *l'avant-garde* » dans l'émergence qui s'appellera le Rock, ses génies où l'on scandait « *Liberté* » à tout prix ! Malgré tout le poète n'a pas su naviguer dans ses océans déchaînés.
Pourtant, il avait tout pour faire partie de cette religion spirituelle ! Par toutes ses formes occultes ; l'ouverture de la perception par le sens pour finir de voir le monde tel qu'il était vraiment ; les derniers remparts des portes de l'âme se brisent !
L'âme où là, il n'est que songe ; le temps se fixe, les écrits résistent par-delà le bien et le mal ; mais le corps a ses limites, l'esprit non « *Le clan des 27* », le génie, l'art à sa quintessence.
Nous poètes sommes l'éloge de la noirceur de ce monde ; sulfureux, contre le pouvoir établi ; à quel point ? Cette nation dit « *libertaire* », nous n'avons que la libre-pensée… À vrai dire, on le croit.

« *Ces enfants terribles de la grande Amérique* » fuyant la réalité morose, la fleur au fusil !
Les plus grands le savaient que le pouvoir des mots et le peuple peuvent tenir « *l'impérialisme* », le payant parfois de leurs propres vies…

« Je ne puis penser de dire que le chant ensorceleur du rythme a fini par l'emporter sur la rime »

Et bien voilà, chers lecteurs. La fin se fera ainsi !

« J'ai tout dit ; des mots à mon inconscient marqué au fer rouge ! Il ne vous reste que ma conscience, l'individu... »

Comme le disait Arthur Rimbaud :

Mais, vrai, j'ai trop pleuré !
Les Aubes sont navrantes.

Direction d'ouvrage :
« Dialoguer en poésie »
15 rue de Sardac 32700 Lectoure

http://pierre.leoutre.free.fr/dialoguerenpoesie

avec le soutien de l'Association « Le 122 »
15 rue Jules de Sardac 32700 Lectoure

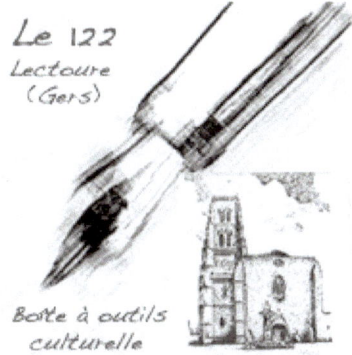

http://pierre.leoutre.free.fr

Éditeur :
Books on Demand GmbH,
12/14 rond-point des Champs Élysées,
75008 Paris, France

Impression :
Books on Demand GmbH, Norderstedt, Allemagne

ISBN : 9782322043378

Dépôt légal : février 2016

www.bod.fr